JN085623

ariko×MEYER RECIPE BOOK

arikoの圧力鍋は
こわくないよ

文化出版局

はじめに

みなさんは圧力鍋にどんなイメージを持っていらっしゃいますか？　圧力鍋というと思い出すのは幼い頃の台所の風景。実家の母が使っていた古い圧力鍋の蒸気の噴き出し口がカタカタいっていたかと思うとピューッとものすごい勢いで蒸気が噴き出す様子が子ども心に恐ろしすぎて、それ以来ずっと敬遠してきました。

それを宗旨替えして手に入れたのは、数年前にハワイに住む友人がごちそうしてくれたお手製のコンビーフがあまりにもおいしかったから。塩漬けにした牛肉の塊を圧力鍋に入れて40分ほど煮込んだだけでほろりとやわらかにほどけるコンビーフが完成するのを目の当たりにして、これはもう自分でも作るしかないと入手することを決意。帰国していろいろと調べていくうちに出会ったのが、マイヤー社のこの超高圧力鍋でした。まずステンレス製のシンプルなデザインがキッチンになじんでいい感じ。サイズ感も大きすぎずちょうどいい。そして肝心の操作も拍子抜けするほど簡単だったのがいちばんの決め手でした。ワンタッチで開閉できて、しっかりとふたが閉まる。火にかけて圧力がかかると赤いポッチが上がり、抜けるとそのポッチが下がって教えてくれる。初めて作ったコンビーフがとても上手にでき上がったので、すっかり調子に乗ってあれもこれもと煮込み始める始末。こうなると現金なもので、圧力鍋はキッチンになくてはならないものになりました。

圧力鍋を使うと、やわらかくなるまで2時間以上はかかる牛すね肉や牛すじ肉はもちろん、煮豚や角煮にする豚の塊肉も20〜30分も煮込めばとろとろに。肉類だけでなく、あずきや黒豆などの豆類もしっとりやわらかに、丸のままのじゃがいもも5分ほどでほくほくの仕上がりに。これを知ってからポテトサラダを作るのが億劫ではなくなりました。

圧力鍋を使い始めてから自分なりに気づいたことがあります。すべてを圧力鍋で作ろうとすると無理があるということ。味をじんわりしみしみにしみ込ませたいものを圧力鍋まかせにしてしまうと素材のうまみや水分が抜けてふにゃふにゃになってしまう。それを避けるためには、圧力鍋は下ごしらえ用に割り切ってしまうということ。かたい肉類はまずやわらかくしてからふたを開けて調味料を加えて、2段階で仕上げることでやわらかさとこっくり感をかなえることができると思います。また脂気の多いものは一度ゆでこぼしてから圧力鍋に。そのひと手間でぐんとおいしく仕上がります。

時短のための代表のように思われている圧力鍋ですが、時短はもちろん、よりおいしく作れるのが圧力鍋の醍醐味だと思います。いろいろと試行錯誤して気づいた様々なアイデアを盛り込んでレシピを考えてみました。もうお持ちの方、そして初めてという方にも少しでもお役に立てたら幸いです。

ariko

CONTENTS

[本書の決まり]
・加圧時間は圧力がかかってからの時間です。
　沸騰して圧力がかかるまでは加圧時間に加えていません。
　加熱時間は、加圧後ふたを取って煮からめたり、
　オーブンで焼いたりする時間です。
・塩は天然塩、砂糖は上白糖、しょうゆは濃口しょうゆを使用。
・1カップは200㎖、1合は180㎖、大さじ1は15㎖、
　小さじ1は5㎖です。
・本書では MEYER の超高圧力鍋を使用していますが、
　ほかの圧力鍋でも作れます。
　その場合、かかる圧力が違いますので多少時間差が出ます。
　短めに調理してから好みの状態になるよう調整してください。

MEYER 超高圧力鍋の使い方

MEYER の超高圧力鍋はスタイリッシュなフォルムが魅力で、操作もとても簡単です。
正しく安全な使用法をご紹介します。

【特徴】 通常の圧力鍋が80〜130kPa（キロパスカル）＊で約115〜120℃を保ちながら調理するところ、
MEYER 超高圧力鍋「HIGH PRESSURE COOKER」は140kPa（キロパスカル）＊で約126℃を保ちながら加圧します。
高圧・高温で調理するので、調理時間をぐっと短縮することができます。
また、熱源からはずしたあとも、減圧しながら調理ができるので結果、ガス代、電気代の節約にもつながります。
＊kPa（キロパスカル）は、国際単位に基づく圧力の単位。
鍋内部に、どれぐらいの圧力がかかるかを表示するのに用いられます。1気圧＝101.325kPa。

【容量】 4.0ℓ。うち、最大調理容量2.8ℓ（食材、煮汁を含む）、豆類は1.4ℓ（食材、煮汁を含む）。
＊容量5.5ℓサイズの姉妹品もあり、この本で紹介した料理を同様に作ることができます。

Step.1
材料を鍋に入れます

レシピに記載の食材、調味料をそろえ、超高圧力鍋に入れます（レシピによっては、食材を炒めてから加圧するものもあります）。調味料が行き渡るように、ふたをする前に混ぜられるものは混ぜておきます。

PUSH　　　　クランプ

圧力調節バルブ

Step.2
ふたを閉めます

水平な場所に置き、凸ボタンを押してクランプを閉じます。クランプ内にある▲のようなマークが見えなくなったことも確認してください。ふたがしっかりと閉まっていないと、蒸気がもれて加圧できないので注意しましょう。なお、調理をする際は、ふたの圧力調整バルブが手前になるように置くのが基本です。

＊ふたのうしろ側のセーフティウインドウを手前側に置かないこと。安全装置が働き、突然蒸気が噴き出てやけどなどの恐れも。

レッドセーフティバルブ

Step.3
火にかけます

圧力調整バルブを加圧マークに合わせ、強火にかけます。火加減は、鍋のまわりに炎が広がらない、鍋底の線ぎりぎりの強火で。電磁調理器（IH）は熱出力が非常に高いので、必ず中出力以下で使用してください。レッドセーフティバルブが上昇し、圧力調整バルブから蒸気が出始めたら、圧がかかったサイン。弱火にして加圧します。加圧オーバーすると、食材がやわらかくなりすぎる原因になるので、必ずタイマーをセットしましょう。

加圧マーク

Step.4
加圧終了

加圧が終わったら、火を止めて自然放置します。レッドセーフティバルブが完全に下がったら、圧力調整バルブを減圧マークに合わせ、鍋の内圧がかかっていないことを確認します。

減圧マーク

＊レッドセーフティバルブが上昇しているときは、<u>鍋内の圧力が高いので、ふたは絶対開けないこと。</u>
＊加熱直後にすぐにふたを開けなければならない場合は、ふたの上から徐々に水をかけて圧力鍋を冷やしてから、圧力調整バルブを減圧マークに合わせます。

PUSH

Step.5
ふたを開けます

⊡ボタンを押してクランプを広げ、ふたを開けます。底から全体を混ぜ、味を全体になじませます（料理によっては、ふたを開けて再び火にかけて煮つめたり、ルーを加えたりなどの調理がある場合もあります）。器に盛って完成です。

PART.1
簡単にすぐ作れる
とっておき料理

塊肉や骨つき肉など調理に時間がかかる素材こそ、圧力鍋の出番です。
マイヤーの超高圧力鍋ならより短時間で火が通り、
素材の持ち味を存分に引き出してくれます。
これまで時間のかかっていた煮物や煮込みも、あっという間に作れるから幸せ。

加圧／分
20

ポッサム

超高圧力鍋で豚バラ肉をゆでると早く火が通るだけでなく、
余分な脂が落ちて、しっとりやわらかく仕上がります。
ポッサムはゆで豚を野菜で巻いてコチュジャンだれでいただく韓国料理。
野菜がたっぷり食べられるのもうれしいし、白菜キムチをのせて味変するのもおいしい。

材料（作りやすい分量）
豚バラ塊肉…2本（500g）
A
┃ 水…1ℓ
┃ にんにく、しょうが…各1かけ
┃ 長ねぎの青い部分…1本分
┃ みそ…大さじ1
B
┃ おろししょうが…小さじ2
┃ おろしにんにく…小さじ½
┃ コチュジャン、砂糖…各大さじ2
┃ 酢…大さじ1
C
┃ サニーレタス、サンチュ、きゅうり（棒状）、
┃　えごま、長ねぎ（斜め薄切り）…各適量

作り方

1 超高圧力鍋に豚肉、**A**を入れ、ふたをして強火にかける。圧がかかったら弱火にし、20分加圧する。火を止めて自然放置し、ふたをしたまま粗熱を取る。

2 **B**を混ぜてたれを作り、器に盛る。

3 **1**を取り出して5mm幅に切り、器に盛って**C**を添える。

豚バラ肉の梅干し煮

自他ともに認める、根っからの食いしん坊。なので、勉強を兼ねての外食も大好きです。
こちらの料理は東京・青山の老舗中華料理屋さんの名物レシピをお手本にしたもの。
何度もリピートして作っていますが、本家はざらめで作るところを、私は普通の砂糖でわが家風に。
梅干しは減塩とかだし入りとかでなく、昔ながらの酸っぱくてしょっぱい、
塩だけで漬けたものを選んで中粒なら6個、大粒なら4個を目安にしてください。
梅干しの酸味で味がきりっとしまって、これはもうご飯泥棒。

材料（作りやすい分量）

豚バラ塊肉 … 600g
小松菜 … 1束
ゆで卵 … 6個
しょうゆ … 大さじ2
A
　梅干し … 6個
　にんにく … 3かけ
　水 … 1ℓ
　しょうゆ … ½カップ
　酒 … 80㎖
　砂糖 … 30g
B
　水 … 1½カップ
　サラダ油 … 大さじ1
　塩、鶏ガラスープのもと（顆粒）
　　… 各小さじ1

作り方

1 ポリ袋にゆで卵、しょうゆを入れて口を縛り、1時間ほどおく。

2 豚肉は4cm角に切り、たっぷりの熱湯でさっとゆでこぼし、水を張ったボウルにつけて表面を洗う。

3 超高圧力鍋に**2**、**A**を入れ、ふたをして強火にかける。圧がかかったら弱火にし、20分加圧する。火を止めて自然放置する。

4 **3**のふたを取り、**1**のゆで卵を加えて中火にかける。煮立ったら弱火にし、10分ほど煮る。

5 小松菜は4cm長さに切る。別の鍋に**B**を入れて中火にかけ、煮立ったら小松菜を加えてさっとゆで、取り出して水気をきる。

6 器に**4**、**5**を合わせて盛る。

ゆで卵はしょうゆをからめておくと、
味がじっくりとしみ込みやすい。

煮豚

いつも一度にたくさん作って、いろんなアレンジで楽しみ尽くします。
まずは、煮えたてを好みの厚さに切ってご飯のおかずやおつまみに。
あとはフライパンで両面をさっと焼いてあぶりチャーシューにしたり、
細かく刻んでチャーハンに入れたり。今回は日本酒を使った和風の味つけにしていますが、
紹興酒に替えるとぐっと中華風に寄せることもできます。

材料（作りやすい分量）
豚肩ロース塊肉 … 2本（1kg）
A
| 長ねぎの青い部分 … 2本分
| しょうがの薄切り … 1かけ分
| にんにく … 2かけ
B
| しょうゆ … 1カップ
| 酒 … 1/2カップ
| 砂糖 … 大さじ1

作り方

1 超高圧力鍋に豚肉を入れ、ひたひたの水（分量外）、**A**を加える。ふたをして強火にかける。圧がかかったら弱火にし、12分加圧する。火を止めて自然放置する。

2 ふたを取って**1**の豚肉、ゆで汁1カップを取り分け、残りはすべて取り除く。取り分けた豚肉とゆで汁、**B**を入れ、中火にかける。煮立ったら弱火にし、上下を返しながら10分ほど煮る。煮汁につけたまま冷まし、味をしみ込ませる。

3 食べやすく切って器に盛り、好みの濃さに煮つめた煮汁をかける。

Arrange 煮豚入りおこわ

煮豚のアレンジです。栗はコンビニやスーパーマーケットで買えるむき栗を使えば簡単です。

材料と作り方（4人分）

1 もち米、米各1カップは合わせて洗い、水に30分つける。

2 煮豚100g、もどした干ししいたけ2枚、たけのこの水煮50gは8mm角に切る。むき栗8粒は半分に切り、干しえび大さじ1は刻む。

3 超高圧力鍋に**1**の水気をきって入れ、水2カップ、紹興酒・しょうゆ各大さじ1、鶏ガラスープのもと（顆粒）小さじ2、しょうがのみじん切り・塩・ごま油各小さじ1を加えて混ぜ、**2**をのせる。

4 ふたをして強火にかける。圧がかかったら弱火にし、2分加圧する。火を止めて15分蒸らす。

豚肩ロースのトマト煮込み

ど〜んと大きな豚塊肉を超高圧力鍋にほうり込んで、
香味野菜とトマトの水煮で20分煮るだけの簡単メニュー。
ポイントは肉を一度焼きつけてから煮ること。そのおかげで香ばしさが加わり、
煮込んだ野菜のうまみと相まってなんともいえないおいしさに。
厚切りの肉にトマトソースをたっぷりとかければ、
豪華でレストラン気分も楽しめる、喜びでしかない一品です！

材料（作りやすい分量）
豚肩ロース塊肉（たこ糸を巻く）… 600g
玉ねぎ … 1個
にんじん … 1本
セロリ … 1本
にんにく … 1かけ
A
　塩 … 小さじ2
　こしょう … 少々
オリーブ油 … 大さじ2
B
　トマトの水煮（粗ごし）… 2カップ
　赤とうがらし … 1本
　水 … 1½カップ
　オリーブ油 … 大さじ2
　チキンコンソメ（顆粒）… 小さじ1

作り方

1 豚肉は**A**をすり込み、1時間ほどおく。フライパンにオリーブ油を中火で熱し、豚肉を転がしながら表面に焼き色をつける。

2 玉ねぎ、皮をむいたにんじん、筋を取り除いたセロリ、にんにくはみじん切りにする。

3 超高圧力鍋に**1**、**2**、**B**を入れ、ふたをして強火にかける。圧がかかったら弱火にし、20分加圧する。火を止めて自然放置する。ふたを取り、味をみて塩、こしょう各少々（各分量外）を加える。

4 豚肉を食べやすい大きさに切って器に盛り、煮汁をかける。あればバジルの葉を添える。

豚肉は表面にこんがりと焼き色をつけ、うまみをぎゅっと閉じ込める。

プルドポークのサンドイッチ

アメリカ全土ではド定番のプルドポークが日本でもブームの兆し！
私が初めて知ったのは、家族で訪れたコロラド州のスキー場でのこと。
手作りが売りのファストフード店でオーダーしたら、おいしくて病みつきに！
プルドポークは、ほろほろになるまで煮込んだ豚肉をフォークで細かくほぐし、
BBQソースをからめたもの。コールスローと一緒にコッペパンにはさむのですが、
そのふかふかパンをバターで香ばしく焼くのもお決まり。

材料

【プルドポーク】 作りやすい分量

豚肩ロース塊肉 … 500〜600g

A

| 塩 … 小さじ1
| こしょう … 小さじ½

B

| 玉ねぎ（ざく切り）… ½個
| にんじん（皮をむいてざく切り）… ½本
| セロリ（ざく切り）… ½本
| にんにく … 1かけ

ローリエ … 1枚

オリーブ油 … 大さじ1

水 … 1カップ

【サンドイッチ】 4人分

プルドポーク … 300g

コッペパン … 4個

BBQソース … 100g
⇒なければケチャップ＋中濃ソースに
しょうゆ少々を混ぜても

コールスローサラダ（memo）

キャロットラペ（memo）

バター … 20g

マスタード … 適量

作り方

1 プルドポークを作る。豚肉に**A**をすり込み、1時間ほどおく。

2 フライパンにオリーブ油を熱して**1**を入れ、豚肉を転がしながら表面に焼き色をつける。

3 超高圧力鍋に**B**の野菜とローリエを敷き、**2**をのせて分量の水を加える。ふたをして強火にかける。圧がかかったら弱火にし、50分加圧する。火を止めて自然放置し、ふたをしたまま粗熱を取る。ふたを取り、豚肉を取り出してフォークでほぐす。

4 サンドイッチを作る。**3**のプルドポーク300gをBBQソースであえる。

5 コッペパンは厚みを半分に切る。フライパンにバターを中火で溶かし、パンの切り口を下にして焼く。マスタードをぬり、コールスローサラダ、キャロットラペ、**4**をのせてはさむ。好みでポテトチップス、ピクルスを添える。

memo

●コールスローサラダ

材料と作り方：キャベツ¼個は細切りにして塩少々をふってもみ、しんなりとしたらドレッシング（酢、オリーブ油各大さじ2＋塩小さじ1＋こしょう少々）を加えて混ぜる。

●キャロットラペ

材料と作り方：にんじん1本は皮をむいてせん切りにし、マリネ液（オレンジのしぼり汁、オリーブ油各大さじ2＋酢大さじ1＋塩小さじ1＋こしょう少々）を加えて混ぜる。

ゆでた豚肉は粗熱を取って水気をきり、繊維をフォークで細かくほぐす。

スペアリブの甘辛煮

夏の気配を感じたら、ビールにスペアリブの甘辛煮で一日の疲れを吹き飛ばします。
ふつうなら1時間以上煮るところを、超高圧力鍋ならたったの20分。
だから猛暑になっても余裕で作れるのです。
かくし味にあんずジャムを加えるのが私流のこだわり。
煮込んでしまえばわからないほどの、ほのかな甘さがうまみに変わるのです。
すっきりとした柑橘系のさわやかな味にしたいときは、
同量のオレンジマーマレードで作ることもあります。

材料（4人分）
豚スペアリブ … 600g
A
┃ おろしにんにく … 1かけ分
┃ おろししょうが … 1かけ分
┃ しょうゆ … 大さじ3
┃ あんずジャム、酒、みりん … 各大さじ2

作り方

1 スペアリブは熱湯でさっとゆでこぼし、水を張ったボウルに取り出して表面を洗って水気をふく。フライパンに入れて両面を中火でさっと焼く。

2 超高圧力鍋に**1**、**A**を入れ、ふたをして強火にかける。圧がかかったら弱火にし、20分加圧する。火を止めて自然放置する。

3 ふたを取って中火にかけ、豚肉を返しながら3分ほど煮からめる。器に盛り、あればクレソンを添える。

スペアリブはゆでこぼしたあと、水にとって洗う。余分な脂肪が落ち、すっきりと上品な仕上がりに。

スペアリブと冬瓜のクリアスープ

加圧／分 **20**

加熱／分 **10**

中国の広東料理に「冬瓜盅」という贅を尽くした料理があります。冬瓜を器にしてスープを注いで蒸し上げるもの。
本格的な作り方はハナからあきらめて私流の作り方にアレンジ。お肉はほろほろ、冬瓜はとろとろ。
骨のエキスが溶け出す滋味深いスープをどうぞ。夏はとうもろこし、冬は大根でも。

材料（4人分）
豚スペアリブ（4cm 長さ）… 600g
冬瓜（皮とわたを取り除き、縦に四つ割りにし、
　　2cm 幅に切る）… ½個
A
　しょうがの薄切り … 1かけ分
　長ねぎの青い部分 … 2本分
　水 … 2ℓ
　紹興酒 … ½カップ
塩 … 小さじ2

作り方

1 スペアリブは塩小さじ2（分量外）をすり込み、15分ほどおく。熱湯でさっとゆでこぼし、水を張ったボウルに取り出して表面を洗う。

2 超高圧力鍋に **1**、**A** を入れ、ふたをして強火にかける。圧がかかったら弱火にし、20分加圧する。火を止めて自然放置する。ふたを取り、長ねぎ、しょうがを取り除いて浮いた脂を取り除く。余裕があれば一晩放置し、白く固まった脂を取り除くとよい。

3 **2** に冬瓜を加え、中火にかける。煮立ったら弱火にし、10分ほど煮る。味をみて塩を加え、好みで粗びき黒こしょうをふる。

スペアリブのカムジャタン

加圧／分 **21**

加熱／分 **10**

韓国料理店で食べてすっかり気に入り、試行錯誤しながら最終的にこの味にたどり着きました。
にんにく、しょうがを効かせた甘くて辛くて深みのあるごまみそ味のスープ。
豚肉のこく、少し煮溶けたじゃがいもが相まって、くせになるおいしさなのです。

材料（4人分）
豚スペアリブ … 500g
じゃがいも（皮をむいて半分に切り、
　　水にさらして水気をきる）… 2個
A
　しょうがの薄切り … 2かけ分
　長ねぎの青い部分 … 1本分
　水 … 1ℓ
　酒 … ¼カップ
B
　おろしにんにく … 1かけ分
　おろししょうが … 1かけ分
　白すりごま、コチュジャン、みそ、酒
　　… 各大さじ2
　砂糖、しょうゆ … 各大さじ1
　ごま油 … 大さじ1
C
　わけぎ（斜め切り）、糸とうがらし … 各適量

作り方

1 スペアリブは熱湯でさっとゆでこぼし、水を張ったボウルに入れて表面を洗う。塩、こしょう各少々（各分量外）をふる。フライパンを中火で熱し、両面を色よく焼く。

2 超高圧力鍋に **1**、**A** を入れ、ふたをして強火にかける。圧がかかったら弱火にし、20分加圧する。火を止めて自然放置し、ふたをしたまま粗熱を取る。ふたを取り、長ねぎ、しょうがを取り除いて浮いた脂を取り除く。じゃがいもを入れ、ふたをして強火にかける。圧がかかったら弱火にし、1分加圧する。火を止めて自然放置する。

3 **2** のふたを取り、混ぜた **B** を加えて中火にかけ、10分ほど煮る。ごま油を加えて混ぜ、器に盛る。あれば **C** を添える。

鶏手羽のタッカンマリ

編集ライターという仕事をこなしつつ主婦でもある私にとって、
鍋料理は困ったときの伝家の宝刀。
家族から「また鍋かぁ」と思われないよう出すタイミングを考えたり、
味にバリエーションをつけたりと地味な努力を重ねています。
今回は韓国風の水炊きです。鶏手羽、じゃがいも、長ねぎだけのシンプルな鍋なので、
澄んだスープのおいしさが際立ちます。
ピリ辛のたれを加減しながら加えて、お好みの味を楽しんでください。

材料（4人分）
鶏手羽中 … 500g
じゃがいも（メイクイーン）… 2個
長ねぎ … 2本
A
  にんにく … 3かけ
  長ねぎの青い部分 … 2本分
  しょうがの薄切り … 3枚
  酒 … ½カップ
塩 … 小さじ2
粉とうがらし … 大さじ2
熱湯 … 1カップ
B
  おろしにんにく … 小さじ1
  しょうゆ、酢 … 各¼カップ
  ごま油 … 大さじ1
  砂糖 … 小さじ2
C
  玉ねぎの薄切り … ½個分
  にらの小口切り … 3〜4本分

作り方

1 手羽中は洗って水気をふく。

2 超高圧力鍋に**1**、**A**を入れ、ひたひたになるまで水適量（分量外）を加える。ふたをして強火にかける。圧がかかったら弱火にし、5分加圧する。火を止めて自然放置する。ふたを取り、にんにく、長ねぎ、しょうがを取り除く。

3 じゃがいもは皮をむいて2cm幅の輪切りにし、水にさらして水気をきる。長ねぎは4cm長さに切る。

4 **2**に**3**を加えて中火にかける。煮立ったら弱火にし、7〜8分煮る。味をみて塩を加える。

5 たれを作る。ボウルに粉とうがらしを入れ、分量の熱湯を加えて混ぜる。**B**を加えて混ぜ、器に盛り、**C**を加える。

6 鍋に**4**を移して温め、**5**のたれを添えていただく。

23

カオマンガイ

超高圧力鍋ならたったの3分加圧するだけでカオマンガイのでき上がり。
春から夏にかけて、週末のお昼によく作るメニューです。
香りがよくてさらりと軽いジャスミンライスで作ると、もう最高！
根のついたパクチーが手に入ったら、ご飯を炊くときに加えてみてください。
さらにぐぐっと本格的な風味になりますよ。

材料（4人分）
ジャスミンライス … 2合
鶏もも肉 … 2枚
塩 … 小さじ1
A
　長ねぎのみじん切り … ½本分
　しょうがのみじん切り … 1かけ分
　にんにくのみじん切り … 1かけ分
　水 … 350ml
　ナンプラー … 小さじ1
　鶏ガラスープのもと（顆粒）… 小さじ1
B
　長ねぎのみじん切り … 大さじ2
　おろししょうが … 1かけ分
　ナンプラー … 大さじ2
　スイートチリソース、砂糖 … 各大さじ1
　みそ、ごま油 … 各小さじ2
　オイスターソース … 小さじ1
パクチー（ざく切り）… 適量

作り方

1 鶏肉は余分な脂肪を取り除き、塩をもみ込んで30分ほどおく。

2 ジャスミンライスは洗ってざるに上げ、水気をきる。

3 超高圧力鍋に**2**、**A**を入れ、**1**をのせる。ふたをして強火にかける。圧がかかったら弱火にし、3分加圧する。火を止めて自然放置する。

4 ふたを取り、鶏肉を取り出して食べやすい大きさに切る。ジャスミンライスは全体をさっくりと混ぜて器に盛り、鶏肉をのせる。混ぜた**B**をかけ、パクチーを添える。あれば斜め切りのきゅうりを添え、好みでレモンをしぼる。

鶏肉は食べやすく1.5cmくらいの幅に切り、器に盛ったジャスミンライスにのせる。

鶏手羽元のお酢煮

すっかりわが家の定番になった煮物。
おつまみにもご飯のおかずにもなる、みんなが大好きな料理です。
お酢で煮ると鶏肉がやわらかくなり、お味もしまって後を引くおいしさ。
一緒に煮る卵も味しみしみでこれまた絶品。
材料も安価でこれだけおいしいから、何度だって作りたくなるわけです。

材料（4人分）
鶏手羽元 … 12本
ゆで卵 … 4個
サラダ油 … 大さじ1
A
　しょうがの薄切り … 1かけ分
　にんにく … 1かけ
　酢 … ½カップ
　酒 … 70ml
　みりん、砂糖、しょうゆ … 各大さじ3

作り方

1 フライパンにサラダ油を中火で熱し、手羽元を入れて転がしながら香ばしく焼く。

2 超高圧力鍋に**1**、**A**を入れ、ふたをして強火にかける。圧がかかったら弱火にし、10分加圧する。火を止めて自然放置する。ふたを取り、ゆで卵を加えて中火にかける。転がしながら5分ほど煮からめる。

手羽元を加圧したらふたを取り、ゆで卵を加えて転がしながら煮て味をしみ込ませる。

27

鶏ハム

鶏むね肉を開いて砂糖少々を加えた塩水に浸してからくるくると巻き、ラップで包んで蒸すだけ。
しっかり味が入っているので、そのままでもいけます。自宅で筋トレ中の息子にも大好評。
そう、低カロリー高たんぱく質だから、ダイエットしたい人にもおすすめなのです。
アレンジするならサンドイッチの具にしたり、セロリとりんごのサラダに加えたり。
まさに万能料理のもとです。

材料（作りやすい分量）
鶏むね肉（皮なし）… 1枚（300g）
A
| 水 … ¼ カップ
| 塩 … 小さじ1
| 砂糖 … 小さじ1½
こしょう … 少々

作り方

1 鶏肉は身の厚い部分に包丁を入れて開き、均一の厚さにする。ジッパーつきの保存袋に入れて **A** を加えて軽くもみ、口を閉じて3時間以上おく。

2 ラップを30cmほどの長さに切ってまな板にのせ、こしょうを全体にふる。その上に袋から取り出した鶏肉を置き、筒状に巻いてラップで包み、ラップの両端をねじる。

3 超高圧力鍋に水1カップ（分量外）を入れ、スチームプレート*を入れてところどころ穴をあけたクッキングシートをのせ、**2**を置く。ふたをして強火にかける。圧がかかったら弱火にし、5分加圧する。火を止めて自然放置する。

* スチームプレートは口径20cmのステンレス製を使用。
ステンレス製であればどのメーカーのものでもOK（p.67参照）。

1cm幅に切った鶏ハムに白いりごまをかけ、パクチーを添える。よだれ鶏のたれ（市販）をかけていただく。

材料（4人分）
【チキンアドボ】
鶏もも肉 … 4枚
A

にんにくの粗みじん切り … 6かけ分
ローリエ … 3枚
黒粒こしょう … 12粒
水、白ワインビネガー … 各¾カップ
しょうゆ … 大さじ5
砂糖 … 大さじ1
塩 … 小さじ1

【にんじんピラフ】
米 … 2合
にんじんのみじん切り … 1本分
玉ねぎのみじん切り … ½個分
オリーブ油 … 大さじ2
B

水 … 360ml
塩 … 小さじ1
粗びき黒こしょう … 少々

作り方

1 チキンアドボを作る、鶏肉は余分な脂肪を取り除き、それぞれ四つに切る。フライパンに鶏肉の皮目を下にして入れ、中火で両面を色よく焼きつける。

2 超高圧力鍋に**1**、**A**を入れ、ふたをして強火にかける。圧がかかったら弱火にし、5分加圧する。火を止めて自然放置する。ふたを取って中火にかけ、5～6分煮る。チキンアドボを取り出し、鍋をきれいに洗う。

3 にんじんピラフを作る。米は洗ってざるに上げ、水気をきる。

4 超高圧力鍋にオリーブ油を熱し、にんじん、玉ねぎを入れて炒める。野菜の水分が出たら、**3**を加えて炒め合わせ、**B**を加える。ふたをして強火にかける。圧がかかったら弱火にし、2分加圧する。火を止めて自然放置する。

5 器に**4**を盛り、煮からめた**2**を添える。あればクレソンを添える。

チキンアドボ

料理上手な実家の母から受け継いだ味のひとつ。
もともとはフィリピン料理だそうで、
鶏もも肉をしょうゆ、にんにく、
白ワインビネガーで煮るうまみの濃い料理です。
これにやさしい甘さのにんじんピラフを添えるのがお決まり。
昭和の香りが漂うどこか懐かしいこの味この組み合わせ、
実家の母のこだわりを大事に守っていきたい。

ごろごろきんぴら

加圧／分
3
加熱／分
5

せっかく超高圧力鍋で作るならと、あえて大きく切ってみたきんぴらです。
やっぱり和食はほっとするし、しみじみおいしいものですね。
ポイントは、かくし味程度のお酢を加えること。
全然酸っぱくはないですが、薄味でも味にぐっとふくらみを出す工夫です。
それにしても8分で仕上がるとは、主婦にとっては大助かりの副菜です。

材料(4人分)
ごぼう … 2本
にんじん … 1本
ごま油 … 大さじ½
A
 | 赤とうがらしの小口切り … 1本分
 | 水 … 大さじ2
 | 酒、砂糖、みりん、しょうゆ … 各大さじ1
酢 … 小さじ2
白いりごま … 適量

作り方

1 ごぼうは皮をこそげ、4cm長さの拍子木切りにする。にんじんは皮をむき、ごぼうと同様の大きさに切る。

2 超高圧力鍋にごま油を中火で熱し、**1**を入れてさっと炒める。**A**を加え、ふたをして強火にかける。圧がかかったら弱火にし、3分加圧する。火を止めて自然放置する。

3 ふたを取って中火にかけ、酢を加えて混ぜながら5〜6分煮つめる。火を止めてごまを加えて混ぜる。

肉じゃが

加圧／分
3
加熱／分
10

甘辛しっかり味の肉じゃがは、家族みんなが大好き。
ときどき無性に作りたくなります。ごろごろっと大きめに切ったじゃがいもとにんじんも、
超高圧力鍋ならスピーディに煮上がります。
ふたを取った後、こっくりするまで煮つめるひと手間がおいしさの秘訣です。

材料(4人分)
牛切り落とし肉 … 250g
じゃがいも … 4個
にんじん(皮をむいて乱切り) … 大1本
玉ねぎ(縦半分に切って1cm幅に切る) … 1個
しらたき … 1袋
サラダ油 … 大さじ1
A
 | だし汁 … 1カップ
 | 砂糖 … 大さじ3
 | しょうゆ … 大さじ4
 | みりん … 大さじ1

作り方

1 じゃがいもは皮をむいて三〜四つに切り、水にさらして水気をきる。しらたきはざく切りにし、さっとゆでて水気をきる。

2 超高圧力鍋にサラダ油を中火で熱し、牛肉を入れて炒める。牛肉の色が変わったら、じゃがいも、にんじんを加えてさっと炒め合わせ、玉ねぎ、しらたき、**A**を加える。ふたをして強火にする。圧がかかったら弱火にし、3分加圧する。火を止めて自然放置する。

3 ふたを取って中火にかけ、混ぜながら10分ほど煮からめる。

加圧／分
8

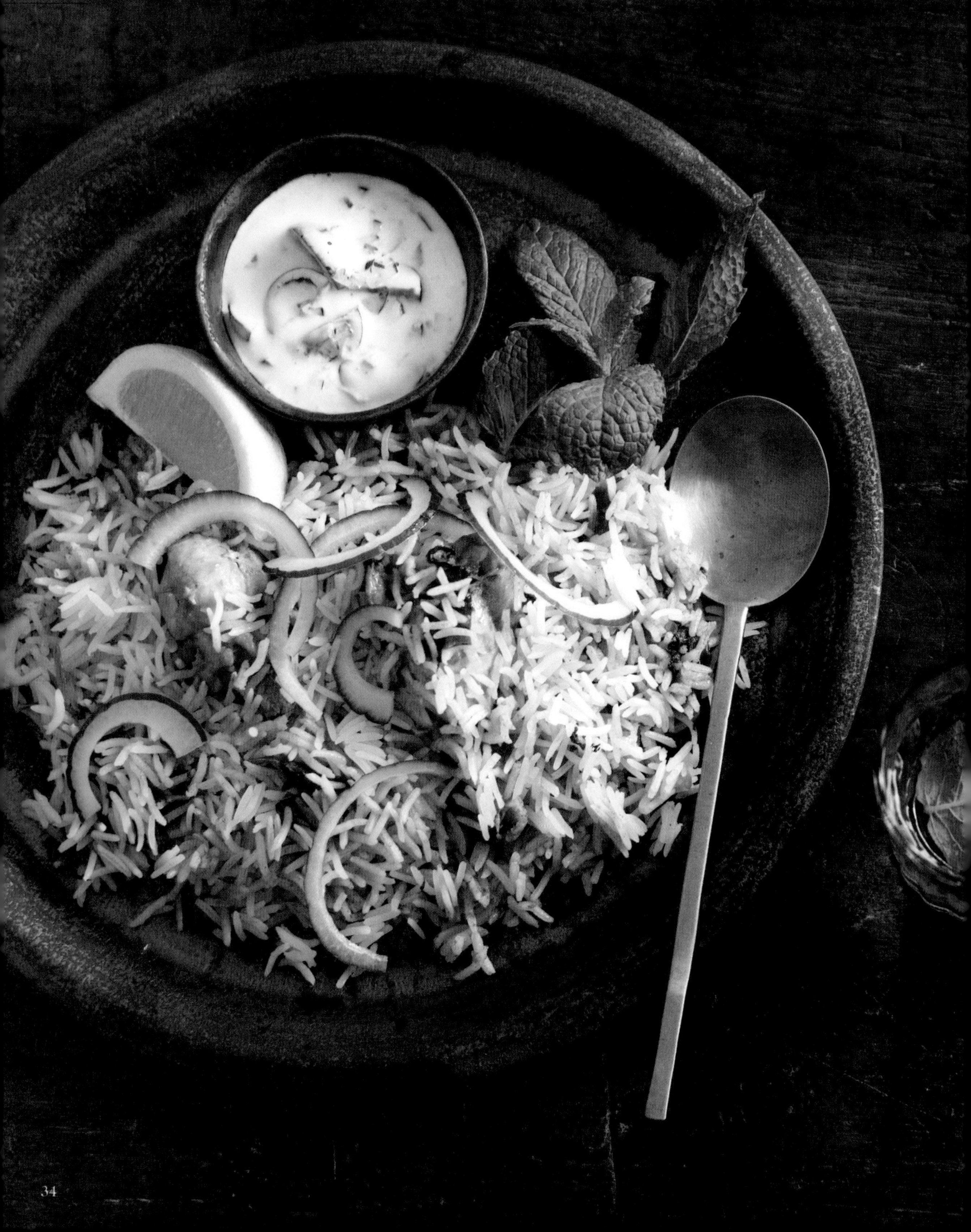

鶏肉のビリヤニ風ご飯

インドの炊き込みご飯、ビリヤニをどうしても作ってみたくって……、
初挑戦にして大成功！ 味のベースは、鶏手羽元とトマト。
ミントとパクチーもたっぷり。米と具を交互に重ねたら、
ターメリック水をまばらにふりかけバターとともに炊き込みます。
黄色と白のツートンがビリヤニらしさ。ヨーグルトのライタを添えて
土っぽい器に盛れば、本場風に見えて気分も上がります。

材料(4人分)

鶏手羽元 … 6本
バスマティライス … 2合
玉ねぎの粗みじん切り … 1個分
トマトの水煮(裏ごし) … 200g
ミントのざく切り、パクチーの
　ざく切り … 各10g
A
　プレーンヨーグルト … 100g
　おろしにんにく、おろししょうが … 各小さじ1
　ローリエ … 2枚
　シナモンスティック … 1本
　バター … 大さじ1
　塩 … 小さじ1½
　クミンパウダー、カレー粉 … 各小さじ1
　ガラムマサラ … 小さじ½
　粗びき黒こしょう … 少々
サラダ油 … 大さじ2
水 … 1カップ
B
　ターメリックパウダー … 小さじ½
　水 … 大さじ2
バター … 20g
C
　プレーンヨーグルト … ¼カップ
　紫玉ねぎの薄切り … 適量
　レモン汁 … 大さじ1
　塩 … 小さじ¼

作り方

1 鶏肉は骨の間に包丁で切り目を入れ、ボウルに入れて A を加えてもみ込み、20分以上おく。

2 超高圧力鍋にサラダ油を中火で熱し、玉ねぎを入れてあめ色になるまでじっくりと炒める。トマトを加えて炒め合わせ、**1**を漬け汁ごと加え、香りが立つまでしっかりと炒める。分量の水を加え、ふたをして強火にする。圧がかかったら弱火にし、5分加圧する。火を止めて自然放置する。

3 別の鍋にたっぷりの湯を沸かし、湯に対して1.5%の塩(分量外)を加え、米を入れて3分ほどゆでる。ざるに上げて水気をきる。

4 **2**のカレーをすべて取り出す。超高圧力鍋は洗わずに半量の**3**を入れ、全量のカレーを加え、ミントとパクチーを散らし、残りの米を重ねる。混ぜた B を回しかけ、ちぎったバターをのせる。

5 **4**にふたをして強火にかける。圧がかかったら弱火にし、3分加圧する。火を止めて自然放置し、ふたをしたまま粗熱を取る。ふたを取り、ざっくりと混ぜて器に盛り、合わせた C のライタを添える。あればバジル、レモンを添え、紫玉ねぎの薄切りを散らす。

バスマティライスは、インド料理に
使われるインディカ米の最高級品種。
香りが強く、ぱらりとした食感が特徴。

たこ飯

たこ独特のぷりっとした食感、梅干しのきゅんとした酸味が美味な炊き込みご飯。
梅干しの炊き込みご飯が大好きで、切り身の鯛で作ることもあります。
さんしょうの実のつくだ煮は、おいしさをアップしてくれる名脇役だから、ぜひ加えたい。
残ったたこ飯を冷凍しておにぎりに、小腹がすいたときに重宝です。

材料（4人分）
米 … 2合
⇒洗って水に1時間つけ、ざるに上げて水気をきる
ゆでだこの足 … 2本（200〜250g）
梅干し … 2個
A
 だし汁 … 1½カップ
 みりん … 大さじ2
 しょうゆ … 小さじ2
実ざんしょうのつくだ煮 … 適量

作り方

1 たこは2cm長さに切る。

2 超高圧力鍋に米、たこ、梅干し、**A**を入れ、ふたをして強火にかける。圧がかかったら弱火にし、2分加圧する。火を止めて自然放置する。

3 ふたを取り、ざっくりと混ぜて実ざんしょうのつくだ煮を加えて混ぜる。

ささ身の中華がゆ

とにかくおかゆが大好き。あつあつを口に運んでやさしい口溶けにほっと一息。
食べ終える頃にはすっかり元気になった気がするほど。
体が温まるし、満腹感もあるのに胃に負担をかけない軽さがいい。
パクチー、ザーサイ、揚げワンタンなどをのせて味変できるのもよき一品。

加圧／分
15

加熱／分
7

材料（4人分）
米 … 1合
⇒洗ってざるに上げ、水気をきる
鶏ささ身 … 3〜4本（150g）
A
｜ しょうがの薄切り … 1かけ分
｜ 水 … 1.2ℓ
｜ 塩 … 小さじ1
鶏ガラスープのもと（顆粒）… 小さじ2
ごま油 … 適量
長ねぎのせん切り、パクチーのざく切り
　… 各適量

作り方

1 超高圧力鍋に米、ささ身、Aを入れ、ふたをして強火にかける。圧がかかったら弱火にし、15分加圧する。火を止めて自然放置する。

2 ふたを取って鶏ガラスープのもとを加えて弱火にかけ、とろみがつくまで7〜8分混ぜながら煮る。ささ身を取り出し、手で裂く。

3 器にかゆ、ささ身を盛ってごま油をかけ、長ねぎ、パクチーをのせる。あればザーサイを添える。

だし炊きご飯 豚バラきのこ炒めのせ

割烹料理店で食べたバター風味のまつたけご飯。そのおいしさに衝撃を受けました。
あ、そうだエリンギで作ってみよう！とひらめき、ばっちり大成功。

材料（4人分）
米 … 2合
⇒洗ってざるに上げ、水気をきる
だし汁 … 350mℓ
A
| 酒 … 大さじ1　しょうゆ … 小さじ2
| 塩 … 小さじ1

【豚バラきのこ炒め】
豚バラ薄切り肉 … 100g
エリンギ … 2パック
にんにくのみじん切り … ½かけ分
バター … 20g
B
| チキンコンソメ（顆粒）… 小さじ1
| 塩 … 小さじ1弱　こしょう … 少々
| しょうゆ … 小さじ2

作り方

1 だし炊きご飯を作る。超高圧力鍋に米、だし汁を入れ、15分以上おく。

2 1にAを加えて混ぜ、ふたをして強火にかける。圧がかかったら弱火にし、2分加圧する。火を止めて自然放置する。

3 豚バラきのこ炒めを作る。豚肉は1cm幅に切る。エリンギは3cm長さに切り、縦半分に切って縦に薄切りにする。フライパンにバター、にんにくを中火で熱し、香りが立ってきたら豚肉、エリンギの順に加えて炒め合わせ、Bを加えて手早くからめる。

4 2のふたを開けて全体をざっくりと混ぜ、3をのせる。あればパセリのみじん切りをふる。

ミネストローネリゾット

にんじん、セロリ、ズッキーニ、トマト。いろんな野菜がたっぷりとれる、うれしいメニュー。
一口食べると、野菜の甘みがふわっと広がります。

材料（4人分）
米 … 1カップ
ベーコン … 100g
にんじん … 小1本
玉ねぎ … ½個
セロリ … ½本
ズッキーニ … ½本
にんにくのみじん切り … 小さじ2
オリーブ油 … 大さじ1
A
　トマトの水煮（粗ごし）… 400g
　水 … 2カップ
　チキンコンソメ（顆粒）、塩 … 各小さじ1
パルミジャーノ・レッジャーノ … 適量

作り方

1 ベーコンは1cm幅に切る。皮をむいたにんじん、玉ねぎ、筋を取り除いたセロリ、ズッキーニは1cm角に切る。

2 超高圧力鍋にオリーブ油、ベーコン、にんにくを中火で熱し、香りが立ってきたら、洗っていない米、**1**のにんじん、玉ねぎ、セロリ、ズッキーニを加えて炒め合わせる。野菜がしんなりとしたら**A**を加え、ふたをして強火にかける。圧がかかったら弱火にし、8分加圧する。火を止めて自然放置する。

3 ふたを取り、全体を大きく混ぜて器に盛る。パルミジャーノ・レッジャーノをかけ、あればタイムを散らす。

PART.2
たくさん仕込んで
アレンジ広がる料理

ふだんから、超高圧力鍋で塊肉をゆでておいたり、
じゃがいもを丸ごと蒸しておいたりしています。
例えばゆでた牛すね肉があれば、サラダも煮込み料理もあっという間。
しかも確実においしくできるのでとってもうれしい！
超高圧力鍋で下ごしらえしておけば、
どんなアレンジをしようかと考えるのも楽しいし、
新しい料理も気負いなく取り組める。
これこそ忙しい人みんなにおすすめしたい使い方。
毎日の時短料理に役立つものばかり。ぜひ、お試しを。

牛すね肉で

ゆで肉をよく作るのはいろいろに使えるからの一言。
特に牛すねはしっとりとした肉質で脂っぽさが皆無。
だからどんな食材とも相性よし。
ゆで汁も肉のうまみが濃厚で、スープにしても、煮物のベースにしても美味。
一滴残らず大切にいただきます。

ポトフ（作り方 p.44）

ビーフカレー（作り方 p.45)

牛すね肉とブロッコリーのサラダ (作り方 p.45)

加圧／分
25

牛すね肉のスープ煮

材料と作り方(作りやすい分量)
牛すね肉 … 1〜1.5kg
水 … 2ℓ

1 超高圧力鍋に牛すね肉、分量の水を入れ、ふたをして強火に
かける。圧がかかったら弱火にし、25分加圧する。火を止め
て自然放置する。

【 保存法 】
よく冷まし、スープごと密閉容器やジッパーつきの保存袋に入れる。
日もちは冷蔵庫で4〜5日。やわらかいので冷凍は不向き。

加圧／分
5

加熱／分
5

Arrange **ポトフ** (p.40)

牛すね肉のうまみたっぷりのスープで煮るので、にんじんやキャベツが
ことのほかおいしくなります。寒い日にほっこり煮込んだしみしみのポトフで体を温めたり、
やわらかくて消化がいいので、お疲れぎみの疲労回復にもぴったり。

材料(作りやすい分量)
牛すね肉のスープ煮(上記参照) … 500g
牛すね肉のスープ(上記参照) … 1ℓ
にんじん … 2本
玉ねぎ … 2個
セロリ … 1本
キャベツ(放射状に4等分) … ¼個
A
  ローリエ … 1枚
  塩 … 小さじ1
  こしょう … 少々

作り方

1 にんじんは皮をむき、長さを半分に切って
縦半分に切る。玉ねぎは縦4等分に切る。
セロリは筋を取り除き、8cm長さに切る。

2 超高圧力鍋に1、スープ、Aを入れ、ふたを
して強火にかける。圧がかかったら弱火に
し、5分加圧する。火を止めて自然放置する。

3 ふたを取って中火にかけ、キャベツを加え
てときどき混ぜながら5〜10分煮る。牛す
ね肉を加えて温め、味をみて塩、こしょう
各少々(各分量外)をふる。

かたい根菜などは加圧してやわらか
くすると、味のなじみがよい。その
あと、キャベツ、牛肉を加えて煮て。

Arrange ビーフカレー (p.42)

うちのカレーはフレーク状のカレールーを使います。溶けやすいし、くせがなくて油っぽくないのがお気に入り。
こだわりはベースに刻んだにんじん、かくし味にあんずやりんごジャムとウスターソースを使うこと。
するとうまみとこくが深まって、お店の欧風カレーみたいになるのです。

加圧／分
20

加熱／分
10

材料（4人分）
牛すね肉のスープ煮（p.44参照）… 500〜600g
牛すね肉のスープ（p.44参照）… 適量
にんじん（皮をむき、2mm角に切る）… 2本
オリーブ油 … 大さじ2
A
  玉ねぎの粗みじん切り … 2個分
  おろしにんにく … 1かけ分
  おろししょうが … 1かけ分
B
  カレールー（フレークタイプ）… 1袋（170g）
  あんずジャム … 大さじ2
  ウスターソース … 大さじ1
ご飯 … 4皿分

作り方

1 超高圧力鍋にオリーブ油を中火で熱し、にんじん、**A**を入れて炒める。野菜がしんなりとしたら、火を止めてひたひたになるくらいのスープを加える。ふたをして強火にかける。圧がかかったら弱火にし、20分加圧する。火を止めて自然放置する。

2 ふたを取って表面の脂を取り除き、**B**を加えて弱火で10分ほど煮る。牛すね肉を手で割って加え、弱火で温める。

3 器にご飯を盛って**2**をかけ、あればピクルスを添える。

最後に牛すね肉を加えて温める。そうすると牛肉がばらばらにならず、ごろりと大きな形で仕上がる。

Arrange 牛すね肉とブロッコリーのサラダ (p.43)

私が作るドレッシングには、かくし味に加えるしょうゆが欠かせません。
味にうまみが加わって、ご飯にも合うおかずになるからです。
キャベツやブロッコリーのほか、いんげんやグリーンアスパラガスなどの緑黄色野菜で作っても。

材料（4人分）
牛すね肉のスープ煮（p.44参照）… 200g
キャベツ（3〜4cm角）… 2〜3枚
ブロッコリー（小房に分ける）… ½個
A
  粒マスタード、しょうゆ … 各小さじ1
  白ワインビネガー … 大さじ1
  オリーブ油 … 大さじ3
  塩、こしょう … 各少々

作り方

1 大きめのボウルに**A**を入れてよく混ぜ、手で粗くほぐした牛すね肉を加えて混ぜる。

2 塩少々（分量外）を入れたたっぷりの熱湯にキャベツとブロッコリーを入れ、2分ほどゆでて水気をきる。熱いうちに**1**に加えてあえ、味をみて塩、こしょう各少々（各分量外）を加えて混ぜる。

牛すじ肉で

牛すじ肉は水に浸して血抜きをし、
さっとゆでてあくを取り除き、
きれいにしてから超高圧力鍋で下ゆでします。
するとすじ肉が品のいい味になり、澄んだスープがとれます。
定番のカレーや煮込み料理のほか、
グラタンなどにして楽しみます。

牛すじ肉のスープ煮

材料と作り方（作りやすい分量）
牛すじ肉 … 1.5kg
水 … 適量
A［ 長ねぎの青い部分2本分、しょうがの薄切り1かけ分 ］

1 牛すじ肉は水に20分ほどつけて血抜きをし、水気をきって鍋に入れる。たっぷりの水を加えて強火にかけ、沸騰してあくが出たらざるに上げてゆでこぼし、表面のあくをきれいに洗い流す。キッチンばさみで一口大に切る。
2 超高圧力鍋に1を入れて水をひたひたに加え、Aを入れる。ふたをして強火にかける。圧がかかったら弱火にし、20分加圧する。火を止めて自然放置する。

【保存法】
よく冷まし、スープごと密閉容器やジッパーつきの保存袋に入れる。
冷蔵庫に入れ、表面に固まった脂を取り除く。
日もちは冷蔵庫で4〜5日、冷凍庫で1か月。

Arrange 牛すじ肉の甘辛煮

居酒屋のメニューでおなじみの一品。実は、これがとても簡単！
超高圧力鍋なら、たった3分の加圧でとろとろっとやわらかくなって味がしっかりしみ込みます。
一緒に煮た太めの糸こんにゃくも、これまた相性抜群。
最後に照りが出るまで煮からめるのも、大事なひと手間です。

材料（4人分）
牛すじ肉のスープ煮（上記参照）… 400g
糸こんにゃく … 1袋（150g）
A
牛すじ肉のスープ（上記参照）… ¾カップ
酒、みりん、しょうゆ … 各大さじ4
砂糖 … 大さじ1½
みそ … 小さじ2
長ねぎの小口切り … 適量
一味とうがらし … 少々

作り方

1 糸こんにゃくは食べやすい長さに切り、熱湯でさっとゆでて水気をきる。

2 超高圧力鍋に牛すじ肉、1、Aを入れて混ぜる。ふたをして強火にかけ、圧がかかったら弱火にし、3分加圧する。火を止めて自然放置する。

3 ふたを取って弱火にかけ、全体を混ぜながら5〜6分煮る。器に盛って水にさらした長ねぎを添え、一味とうがらしをふる。

加圧が終わったらふたを取り、混ぜながらさらに煮る。汁気が半量になるくらいまで煮つめて。

Arrange ## ハヤシライス

インスタント食品は面倒な下ごしらえを終えている食材と考えて、
ありがたく使うことにしています。ハヤシライスに欠かせないデミグラスソース缶もしかり。
牛すじと缶詰をベースに、トマトジュースやウスターソースでうちの味を出しています。

材料（4人分）
牛すじ肉のスープ煮（p.47参照）… 500g
玉ねぎ … 2個
にんじん … 1本
しめじ … 1パック
バター … 10g
A
　牛すじ肉のスープ（p.47参照）… 2カップ
　デミグラスソース（缶詰）… 1缶（290g）
　トマトジュース … ½カップ
　チキンコンソメ（顆粒）… 小さじ1
B
　ウスターソース … 大さじ2
　塩 … 小さじ1
　こしょう … 少々
ご飯 … 4皿分

作り方

1 玉ねぎは縦4等分に切り、横に1.5cm幅に切る。にんじんは皮をむき、5mm幅の半月またはいちょう切りにする。しめじは石づきを切り落としてほぐす。

2 超高圧力鍋にバターを中火で溶かし、**1**を入れて炒める。しんなりとしたら、牛すじ肉、**A**を加える。ふたをして強火にし、圧がかかったら弱火にし、10分加圧する。火を止めて自然放置する。

3 ふたを取って弱火にかけ、**B**を加える。混ぜながら10分ほど煮る。

4 器にご飯を盛り、**3**をかける。

Arrange 牛すじグラタン

牛すじのグラタンは寒い日にふうふうしながら食べたいメニューのひとつ。
加圧した牛タン（p.55 参照）のかたい部分を加えてミックスグラタンにするもよし、
ご飯を加えてドリアにしても乙なものです。

材料（4人分）
牛すじ肉のスープ煮（p.47 参照）… 500g
玉ねぎ（薄切り）… 1個
マッシュルーム（薄切り）… 1パック
赤ワイン … ½カップ
デミグラスソース（缶詰）… 400g
バター … 10g
A
│ 塩 … 小さじ½
│ こしょう … 少々
ホワイトソース（缶詰）… 400g
グリュイエールチーズ … 適量
パセリのみじん切り … 適量

作り方

1 超高圧力鍋にバターを中火で溶かし、玉ねぎ、マッシュルームの順に加えて炒める。しんなりとしたら赤ワインを加える。

2 煮立ったら、牛すじ肉、デミグラスソースを加える。ふたをして強火にし、圧がかかったら弱火にし、10分加圧する。火を止めて自然放置する。ふたを取り、**A**を加えて混ぜる。

3 耐熱容器に**2**を入れてホワイトソースをかけ、グリュイエールチーズを散らす。200℃に温めたオーブンで10分ほど焼く。パセリをふる。

ブリスケで

ブリスケは牛の前足内側の少しかためな肩バラ肉のこと。
これを塩水、スパイス、香味野菜でマリネして冷蔵保存。
そのあと高超高圧力鍋で煮るだけでコンビーフのでき上がりです。
まずはブリスケのマリネを作りましょう。

ブリスケのマリネ

材料と作り方（作りやすい分量）
ブリスケ塊肉 … 800g
A [粗塩150g、水3カップ]
B [ローリエ3枚、黒粒こしょう大さじ1、オールドスパイス（粒）
小さじ2]
C [玉ねぎの薄切り½個分、にんじんの皮1本分、セロリの葉1本分]

1 マリネ液を作る。鍋にAを入れて中火にかけ、完全に溶けたら
冷まし、Bを加える。大きめのジッパーつきの保存袋を二重
にして肉を入れ、マリネ液、Cを加えてしっかりと口を閉じる。

【保存法】
バットにのせ、冷蔵庫に入れて5〜7日間おく。

加圧／分
40

Arrange コンビーフ ザワークラウト風添え

ハワイの友達のおうちで手作りコンビーフをいただいて、どうしても自分でも作ってみたくなったのです。
帰国して作り方を調べたら、超高圧力鍋がぜひ必要だとなったわけです。
アメリカのスーパーにはたいてい塩漬けの塊肉が売られていますが、
日本にはないので輸入肉を手に入れて塩漬け。試行錯誤を繰り返して自分なりのレシピができました。

材料（作りやすい分量）
【コンビーフ】
ブリスケのマリネ（上記参照）… 全量
水 … 適量

【ザワークラウト風】
キャベツ（2〜3mm 幅に切る）… ½個
オリーブ油 … 大さじ3
A
　│ 白ワインビネガー … 大さじ3
　│ 粒マスタード … 大さじ2
　│ 砂糖 … 小さじ2
　│ 塩 … 小さじ1
　│ こしょう … 少々
粒マスタード … 適量

作り方

1 コンビーフを作る。ブリスケのマリネを水
洗いし、水気をきって超高圧力鍋に入れる。
ひたひたの水を加え、ふたをして強火にか
ける。圧がかかったら弱火にし、40分加圧
する。火を止めて自然放置する。食べやす
い大きさに切る。

2 ザワークラウト風を作る。フライパンにオ
リーブ油を強火で熱し、キャベツを入れて
炒める。水分が飛んできたら中火にし、A
を加えて混ぜながら炒める。水分がほぼな
くなったら器に盛り、1を添える。粒マス
タードをつけて食べる。

memo
コンビーフは保存可能。
よく冷ましてほぐし、煮汁ごと密閉容器や
ジッパーつきの保存袋に入れる。
日もちは冷蔵庫で4～5日、冷凍庫で1か月。

Arrange コンビーフのメルトサンド

ちょっと時間のあるときによく食べるのが、作りおきのコンビーフとザワークラウト、
チェダーチーズをたっぷりとはさんで焼く、メルトサンド。
パンの上から平らなもので押さえながら、焦がさないようにごく弱火で焼くのがこつ。
スライスしたりんごを入れても甘じょっぱくて大好きです。

材料（4人分）
コンビーフ（p.50参照）… 150g
ザワークラウト風（p.50参照）… 150g
食パン（8枚切り）… 8枚
チェダーチーズ（スライス）… 8枚
マスタード … 適量
バター … 40g

作り方

1 食パン2枚を1組にし、片面にマスタードを
ぬる。ザワークラウト風、チーズ、ほぐし
たコンビーフをそれぞれ4等分にし、順に
のせてはさむ。

2 2回に分けて焼く。フライパンにバター10g
を入れてごく弱火で溶かし、**1**の2組みを
入れてパンの上から押さえつけながら焼く。
返してバター10gを加え、焼く。残りも同
様に焼く。食べやすく切る。

Arrange ハッシュドポテト

テキサス風目玉焼きをのせたコンビーフ入りのじゃがいも炒め。
私は目玉焼きマスター！ いつだって黄身はとろ〜り半熟に焼き上げます。
フォークでくずしながら、よ〜く混ぜて召し上がれ。
コンビーフのうまみと塩気、黄身のこく、ほくほくポテトがたまらない組み合わせです。

材料（2人分）
コンビーフ (p.50参照) … 150g
蒸しじゃがいも (p.67参照) … 3個
玉ねぎ … ½個
卵 … 2個
バター … 大さじ2
A
| 塩 … 小さじ½
| こしょう … 少々
オリーブ油 … 適量

作り方

1 コンビーフはほぐす。じゃがいもは皮をむき、1.5cm角に切る。玉ねぎは縦に薄切りにする。

2 フライパンにバターを中火で溶かし、玉ねぎを入れて炒める。玉ねぎが透き通ったら、コンビーフ、じゃがいもを加えて弱めの中火でじっくりと炒める。**A**をふって混ぜ、器に盛る。

3 フライパンを洗ってオリーブ油を中火で熱し、卵を割り入れて2分ほど焼き、**2**に添える。

牛タンで

以前はなかなかやる気が起こらなかった牛タン料理も、
超高圧力鍋の使い勝手がわかった今、気負いなく作れるようになりました。
お値打ちのスーパーで輸入の牛タン丸ごと1本を購入。
塩をすり込んで30分加圧したあとは、丁寧に皮をむいて保存します。
かたい部分をシチューなどの煮込みに、
やわらかい根元の部分をステーキなどに使い分けています。

牛タンのスープ煮

材料と作り方（作りやすい分量）
牛タンの塊肉 … 1本（2〜3kg）
塩 … 大さじ5
水 … 適量
A［ 長ねぎの青い部分2本分、しょうがの薄切り2かけ分 ］

1 牛タンはフォークで数か所刺して穴をあけ、塩をすり込んで20分
  以上おく。
2 超高圧力鍋に**1**を入れてひたひたの水を加え、**A**を加える。ふた
  をして強火にし、圧がかかったら弱火にし、30分加圧する。火を
  止めて自然放置する。ふたをしたまま冷まし、皮をむく。

【 保存法 】
スープごと密閉容器やジッパーつきの保存袋に入れる。
日もちは冷蔵庫で4〜5日。

Arrange # 牛タンのあっさり煮込み

東京・四谷にある老舗牛タン屋さんのメニューから、インスパイアされました。
本家はゆでたタンにわさびがつきものですが、私は薄味で煮てゆずこしょうと
白髪ねぎのっけのスタイルにしました。とにかく粋で乙な味。
これは超高圧力鍋で加圧したタンを、ふつうの鍋でやわらかく煮含めるのがこつです。

材料（4人分）
牛タンのスープ煮（上記参照）… 400〜500g
A
  牛タンのスープ（上記参照）… 2½カップ
  白だし … 大さじ1
  薄口しょうゆ … 小さじ2
  塩 … 小さじ½
  酒 … 大さじ2
白髪ねぎ … 適量
ゆずこしょう … 適量

作り方
1 牛タンは3cm角に切る。

2 鍋に**1**、**A**を入れて弱めの中火にかけ、15
  分ほど煮る。

3 器に盛り、白髪ねぎ、ゆずこしょうを添える。

Arrange 牛タンステーキ

おうちビストロが楽しめる、ごちそう牛タンステーキです。
牛タンは分厚く切って表面をさっと香ばしく焼き、こだわりのチミチュリソースをたっぷりと。
アルゼンチン生まれのこのソース、作り方は簡単でパクチーとパセリの香り、
レモンのきりっとした酸味が混ざり合い、酸っぱうまい極上の味になります。
ふつうのステーキやポークソテーにかけるのもおすすめ。

材料（4人分）
牛タンのスープ煮（p.55参照）
　　…1.5cm 厚さ4枚
オリーブ油 … 大さじ2
A
　パクチー、パセリ … 各ひとつかみ
　ベルギーエシャロット … ½個
　にんにく … ½かけ
　レモン汁 … 大さじ2
　塩 … 小さじ1
　オリーブ油 … 大さじ2
レモンのくし形切り … 4切れ

作り方

1 チミチュリソースを作る。フードプロセッサーに **A** を入れ、なめらかになるまで混ぜる（もしくは野菜のすべてをみじん切りにして混ぜる）。

2 フライパンにオリーブ油を中火で熱して牛タンを入れ、両面を色よく焼く。**1**をかけ、レモンをしぼって食べる。

パクチーやパセリなど、香りのよい
食材で作るチミチュリソースで、牛
タンのうまみを引き立てる。

まぐろで

いわゆる自家製のツナです。たっぷり使えるし、しっとりやわらか。
缶詰よりお値打ちです。作り方はまぐろ1さくを耐熱容器に入れ、
にんにく、ハーブ、オリーブ油を加えて加圧するだけ。
ほぐしてサンドイッチの具にしたり、キャロットラペに加えたり。
器ごとプレゼントしても喜ばれます。

まぐろのコンフィ

材料と作り方（作りやすい分量・容量510mℓの容器1個分）
まぐろの赤身（さく）… 300g　塩 … 小さじ2
A［ローリエ4枚、タイム3〜4枝、にんにくの薄切り4枚、黒粒こしょう大さじ1］
オリーブ油 … 適量

1 まぐろは長さを半分に切って耐熱性の容器に入れ、**A**を加えてオリーブ油をひたひたになるまで注ぎ入れる。ふたの代わりにアルミホイルをふんわりとかぶせる。

2 超高圧力鍋に水1カップ（分量外）を入れ、鍋の底にスチームプレート*を置いて**1**をのせる。ふたをして強火にかけ、圧がかかったら弱火にし、5分加圧する。火を止めて自然放置する。

【保存法】
密閉容器ごと保存する。日もちは冷蔵庫で4〜5日。

*スチームプレートは口径20cmのステンレス製を使用。
ステンレス製であればどのメーカーのものでもOK（p.67参照）。

Arrange ツナのレモンパスタ

あるイタリア料理店の名物メニューを私流にアレンジしました。
本家は青とうがらしで作りますが、私はレモンにもよく合うゆずこしょうで味つけしています。

材料（2人分）
まぐろのコンフィ（上記参照）… 120g
A
　レモン汁 … 大さじ2
　オリーブ油 … 大さじ1
　ナンプラー … 小さじ2
　ゆずこしょう … 小さじ1〜2
スパゲッティ … 180g
レモンの輪切り … 2枚

作り方

1 まぐろのコンフィは汁気をきり、粗くほぐしてボウルに入れる。**A**を加えて混ぜる。

2 鍋にたっぷりの湯を沸かし、湯に対して1.5％の塩（分量外）、スパゲッティを入れる。袋に表示された時間より30秒ほど短めにゆでる。ざるに上げて水気をきり、**1**に加えて手早く混ぜる。器に盛り、レモンの輪切りを添える。

塩さばで

超高圧力鍋にじかに塩さばを入れてコンフィにします。
塩さばなら塩をふる手間もいらないので、生さばで作るよりらくちん。
コンフィにすると風味がよくなり、味わいもグレードアップ。
そのまま生野菜と一緒に食べてもいいし、
ほぐしてご飯に混ぜたり、カレーに加えたりしても。

仕込み方

塩さばのコンフィ

材料と作り方（作りやすい分量）
塩さば（半身）… 2枚
A [にんにく1かけ、ローリエ2〜3枚、赤とうがらしの小口切り1本分、
黒粒こしょう7〜8粒、オリーブ油・水各1/2カップ]

1 超高圧力鍋にさばの皮目を上にして入れ、**A**を加える。ふたをして強火にかけ、圧がかかったら弱火にし、10分加圧する。火を止めて自然放置する。

【保存法】
密閉容器に移し替え、漬け汁ごと保存する。日もちは冷蔵庫で4〜5日。

Arrange 塩さばのカナッペ

ワンハンドでぱくりと頬張ると、思わず笑顔がこぼれる塩さばのカナッペ。
サワークリームの酸味がよく合います。
キンキンに冷やしたスペインの泡もの、カヴァとともにどうぞ。

材料（4人分）
塩さばのコンフィ（上記参照・半身）… 1枚
バゲット（厚さ1cm）… 8枚
サワークリーム … 適量
紫玉ねぎ（薄切り）… 1/4個
黒オリーブ（輪切り）… 8枚

作り方

1 塩さばのコンフィは粗くほぐす。

2 バゲットにサワークリームをぬり、1、紫玉ねぎ、黒オリーブをのせる。あればちぎったセルフィーユ、ポワブルロゼ各適量を散らす。

白いんげん豆で

ふつうの鍋でゆでると1時間かかるところ、
超高圧力鍋ならたったの6分。ひと晩浸水させておく必要はありますが、
一袋分を一度にもどしてゆでてしまえば、
いろいろな料理に展開ができます。

ゆで白いんげん豆

材料と作り方（作りやすい分量）
白いんげん豆（乾燥）… 300g
水 … 1ℓ

1 白いんげん豆は洗い、たっぷりの水（分量外）につけてひと晩おく。
2 1の水気をきって超高圧力鍋に入れ、分量の水を加える。ふたをして強火にかけ、圧がかかったら弱火にし、6分加圧する。火を止めて自然放置する。

【保存法】
よく冷まし、冷蔵の場合はゆで汁ごと密閉容器に入れる。
冷凍の場合は豆とゆで汁に分け、ジッパーつきの保存袋や密閉容器に入れる。
日もちは冷蔵庫で4〜5日、冷凍庫で1か月。

Arrange 白いんげん豆と塩豚の煮込み

白いんげん豆と塩豚はとっても相性よし。
塩豚は豚バラ肉に塩、黒こしょうをたっぷりとすり込み、
じっくり熟成させること1〜2日。このひと手間が肝心です。
どうしてもそのひと手間がかけられないときは、塊のベーコンを使ってもOK。

材料（作りやすい分量）
ゆで白いんげん豆（上記参照）… 2カップ
白いんげん豆のゆで汁（上記参照）… 1カップ
豚バラ塊肉 … 300g
A
｜ 塩 … 小さじ1½
｜ 粗びき黒こしょう … 適量
玉ねぎのみじん切り … ½個分
ローリエ … 2枚
オリーブ油 … 小さじ2

作り方

1 塩豚を作る。豚肉にAをまぶしつけ、ラップをぴっちりとして冷蔵庫で1〜2日おく。1cm幅に切る。

2 フライパンに1を入れて弱火で両面を色よく焼いて取り出す。フライパンにオリーブ油を足して中火で熱し、玉ねぎを入れてしんなりとするまで炒める。

3 超高圧力鍋に2を入れ、白いんげん豆、ゆで汁、ローリエを加える。ふたをして強火にかけ、圧がかかったら弱火にし、2分加圧する。火を止めて自然放置する。

Arrange 白いんげん豆とツナのサラダ

白いんげん豆とツナ缶などがあれば、ささっとできるサラダ。
酸っぱさがやさしい白ワインビネガーと、風味のよい粒マスタードで味にめりはりを。
おいしい調味料は、料理がシンプルであればあるほど大事です。

材料（4人分）
ゆで白いんげん豆（p.63参照）… 1カップ
ツナ缶（または p.59参照）… 大1缶（140g）
紫玉ねぎ … ¼個
セロリ … ½本
A
｜ にんにくのみじん切り … 少々
｜ 白ワインビネガー … 大さじ1
｜ 粒マスタード … 小さじ2
｜ 塩 … 小さじ1
｜ こしょう … 少々
｜ オリーブ油 … 大さじ2

作り方

1 ツナは缶汁をきる。紫玉ねぎは薄切りにする。セロリは筋を取り除いて1cm幅に切る。

2 ボウルにAを入れて混ぜ、白いんげん豆、1を加えて混ぜ、味をなじませる。

Arrange 白いんげん豆のポタージュ

加熱／分
10

「いんげん豆ってこんなにおいしかったの！」と感激するスープ。
あつあつを味わうと豆本来のやさしい甘み、
香りがストレートに感じられます。

材料（2人分）
ゆで白いんげん豆（p.63参照）… 200g
白いんげん豆のゆで汁（p.63参照）… 1カップ
玉ねぎのみじん切り … ½個分
バター … 10g
A
│ ローリエ … 1枚
│ チキンコンソメ（顆粒）… 小さじ1
牛乳 … 1カップ
B
│ 塩 … 小さじ1
│ こしょう … 少々
生クリーム … 大さじ2
パセリのみじん切り … 少々

作り方

1 鍋にバターを中火で溶かし、玉ねぎを入れて炒める。玉ねぎが透き通ったら白いんげん豆を加えて炒め合わせ、ゆで汁、Aを加える。ふたをして弱火で10分ほど煮て火を止める。

2 1をブレンダーなどでなめらかにし、牛乳を加えて中火で混ぜながら煮る。Bを加えて混ぜる。器に盛って生クリームを回しかけ、パセリをふる。

じゃがいもで

超高圧力鍋で皮ごと蒸したじゃがいもは、
水っぽさとは無縁。ほくほくだったり、ねっとりだったり、
じゃがいも本来の持ち味が引き出されます。
一度にたっぷり蒸しておけば、保存のしかた次第で
いろんな料理に活用できます。

蒸しじゃがいも

材料と作り方（作りやすい分量）
じゃがいも … 6個（850g）

1 じゃがいもは洗って水気をきる。
2 超高圧力鍋に水1カップ（分量外）を入れ、スチームプレート＊を入れて**1**を置く。ふたをして強火にかけ、圧がかかったら弱火にし、6分加圧する。火を止めて自然放置する。

【保存法】よく冷まし、冷蔵の場合は密閉容器に入れる。
冷凍の場合は好みの大きさに切り（またはつぶし）、ジッパーつきの保存袋や密閉容器に入れる。日もちは冷蔵庫で2〜3日、冷凍庫で1か月。

＊スチームプレートは口径20cmのステンレス製を使用。
ステンレス製であればどのメーカーのものでもOK。

Arrange シェーパーズグラタン

たっぷり作ったミートソースとマッシュポテトだけで作る、パイなしのわが家風オーブン料理。
家族みんなに喜んでもらえるはず。残ったミートソースは冷凍しておいて、
ペンネのソースにしたり、溶けるチーズと一緒にパンにはさんでトーストしたりします。

材料（作りやすい分量）
【マッシュポテト】
蒸しじゃがいも（上記参照）… 3個
A
　牛乳 … ½カップ
　バター … 20g
　塩 … 小さじ1
　こしょう … 少々

【ミートソース】
牛ひき肉 … 500g
オリーブ油 … 大さじ1
B
　玉ねぎのみじん切り … 1個分
　にんにくのみじん切り … 1かけ分
　セロリのみじん切り … ½本分
　塩 … ひとつまみ
白ワイン … ¼カップ
C
　ローリエ … 1枚
　トマトの水煮（粗ごし）… 100g
　トマトケチャップ、ウスターソース … 各大さじ2
パルメザンチーズ … 適量

作り方

1 ミートソースを作る。フライパンにオリーブ油を中火で熱し、**B**を入れて炒める。野菜の水分がなくなったら、牛ひき肉を加えて炒め合わせる。牛ひき肉の色が変わったら白ワインを加えてアルコール分を飛ばし、**C**を加える。ときどき混ぜながら15分ほど煮る。味をみて塩、こしょう各少々（各分量外）を加える。

2 マッシュポテトを作る。じゃがいもは熱いうちに皮をむいて木べらなどでつぶし、**A**を加えて混ぜる。

3 耐熱容器に**1**の半量を敷き、**2**をのせて広げる。フォークで模様をつけ、パルメザンチーズをふる。200℃に温めたオーブンで10〜15分焼く。

memo
ミートソースは保存可能。よく冷まして密閉容器やジッパーつきの保存袋に入れる。日もちは冷蔵庫で4〜5日、冷凍庫で1か月。

Arrange ポテトとたこのアンチョビサラダ

ドレッシングに食材を順に加えてあえるのがポイント。
たことアンチョビの磯の香り、ときどき感じるクレソンのほろ苦さがアクセント。
かりっと焼いたバゲットと白ワインでどうぞ。
いつものサラダがぐっとおしゃれに、ひと味違うおいしさに。

材料（4人分）
蒸しじゃがいも（p.67参照）… 2個
ゆでだこの足 … 小1本（120g）
クレソン … 1束
紫玉ねぎ … ½個
A
 アンチョビ（フィレ・ちぎる）… 4枚
 にんにくのみじん切り … 少々
 白ワインビネガー … 大さじ2
 オリーブ油 … 大さじ3
 塩、こしょう … 各少々

作り方

1 じゃがいもは熱いうちに皮をむき、大きめのひと口大に切る。たこは薄切りにする。紫玉ねぎは薄切りにして水にさらし、水気をきる。

2 クレソンはやわらかい葉を摘む。

3 ボウルに**A**を入れて混ぜ合わせ、たこを加えてあえる。紫玉ねぎ、じゃがいもの順に加えてあえ、**2**を加えてさっと混ぜる。

Arrange フライドポテト

冷たい揚げ油に、にんにくとハーブを入れて徐々に温度を上げ、油にいい香りを移します。
その油が中温になったらじゃがいもを投入。じっくり時間をかけてこんがりと揚げれば、
間違いないおいしさに。フライドポテトはステーキのつけ合わせにもいいので、
ぜひ揚げたにんにくをお肉にぬりながら食べてみてください。

材料(4人分)
蒸しじゃがいも(p.67参照)… 3個
強力粉 … 適量
A
| にんにく(皮つき)… 3かけ
| ローズマリー … 2枝
| セージ … 4〜5本
| タイム … 3〜4本
揚げ油 … 適量
B
| 塩 … 適量
| こしょう … 少々

作り方

1 じゃがいもは完全に冷まし、くし形切りにして表面に強力粉をまぶしつける。

2 揚げ油に **A** を入れて徐々に中温に温め、**1** を入れて表面がかりっとするまで揚げる。油をきって **B** をふる。

かぼちゃで

かぼちゃはかたくて切りにくいときがありますね。
そんなときは、切らずに超高圧力鍋で
軽く蒸してしまえば簡単に切り分けることができます。
さらにやわらかく煮て熱いうちにマッシュしておくと、
ちょっとしたスイーツがすぐに作れます。
かぼちゃの素朴な甘みや香りを楽しんで。

かぼちゃペースト

材料と作り方（作りやすい分量）
かぼちゃ… 正味600g
A［ 砂糖大さじ3〜4、水¼カップ ］

1 かぼちゃはわたと種を取り除き、皮をむいて一口大に切る。
2 超高圧力鍋に1、Aを入れ、ふたをして強火にかける。圧がかかったら弱火にし、5分加圧する。火を止めて自然放置する。
3 ふたを取り、木べらでなめらかになるまでつぶす。

【保存法】
密閉容器やジッパーつきの保存袋に入れる。
日もちは冷蔵庫で4〜5日、冷凍庫で1か月。

Arrange かぼちゃだんご

私が作るおやつは、ご飯を作る合間にもできるような2〜3工程だけの簡単なもの。
かぼちゃだんごもご覧のとおりの素朴さ。牛乳とバターでこくをつけています。

材料（8個分）
かぼちゃペースト（上記参照）… ⅓量
A
│ 牛乳 … 大さじ3
│ バター … 20g
塩 … 小さじ1
かぼちゃの種 … 適量

作り方
1 かぼちゃペーストが熱いうちにAを加えて（かぼちゃのかたさによって牛乳の量を調整する）よく混ぜる。塩を加えて8等分にする。

2 ぬらしてかたく絞ったペーパータオルで1を包み、形を整える。かぼちゃの種をのせる。

Arrange ココナッツ汁粉

仲よしのママ友と出かけた台湾旅行で、すっかりハマったアジアンスイーツ。
ココナッツミルク、牛乳、かぼちゃを合わせるだけで、簡単に作ったとは思えないほどの味になります。

材料（4人分）
かぼちゃペースト（上記参照）… ⅔量
白玉粉 … 1カップ
水 … ½カップ
A
│ 塩 … 少々
│ 牛乳 … 1カップ
│ ココナッツミルク … ½カップ

作り方
1 白玉を作る。ボウルに白玉粉を入れ、分量の水を少しずつ加えながら耳たぶくらいのやわらかさになるまで混ぜ、12等分のだんご状にまとめる。鍋にたっぷりの熱湯を沸かし、白玉を入れてゆでる。浮き上がったら取り出し、氷水につけて冷やす。

2 別の鍋にかぼちゃペースト、Aを入れ、混ぜずに中火で煮立てる。器に盛り、1の水気をきってのせる。

さつまいもで

さつまいもはふだん、煮物にするより
おやつにすることが多いのです。
だからゆでるより超高圧力鍋を使って蒸すことで、
風味をアップさせてからペースト状にしておきます。

さつまいもペースト

材料と作り方（作りやすい分量）
さつまいも … 正味400〜450g

1 さつまいもは皮をむき、一口大に切って水にさらし、水気をきる。
2 超高圧力鍋に水1カップ（分量外）を入れ、スチームプレート＊を入れて1を置く。ふたをして強火にかけ、圧がかかったら弱火にし、2分加圧する。火を止めて自然放置する。
3 ボウルにさつまいもを入れ、木べらで粗くつぶす。

【保存法】
密閉容器やジッパーつきの保存袋に入れる。
日もちは冷蔵庫で4〜5日、冷凍庫で1か月。

＊ スチームプレートは口径20cmのステンレス製を使用。
ステンレス製であればどのメーカーのものでもOK（p.67参照）。

Arrange # さつまいもとりんごのマフィン

ふんわりしっとりマフィンはいかが。ひとつのボウルに材料を混ぜて焼くだけです。
さつまいもとりんごのやさしい味を生かして砂糖は控えめに、ヨーグルトの酸味をほんのりと。

材料（直径7cmのマフィン型6個分）
さつまいもペースト（上記参照）… 120g
りんご（紅玉やジョナゴールドなど）… ¾個
A
│ バター（食塩不使用・室温にもどす）… 40g
│ きび砂糖 … 80g
卵（室温にもどす）… 1個
プレーンヨーグルト … 100g
B ⇒合わせてふるっておく
│ 薄力粉 … 130g
│ ベーキングパウダー … 4g

作り方

1 りんごは飾り用に薄いいちょう切りを6枚取り分け、残りは皮と芯を取り除いて8mm角に切る。

2 ボウルにAを入れて泡立て器ですり混ぜる。卵を加えてふんわりとするまで混ぜ、さつまいもペースト、8mm角に切ったりんご、ヨーグルトを加えてさらに混ぜる。

3 2にBを加え、ゴムべらでさっくりと全体を混ぜる。型に生地を8分目まで入れ、飾り用のりんごを刺す。180℃に温めたオーブンで25分ほど焼く。

Arrange # さつまいもの一口ドーナッツ

さつまいもと豆腐とホットケーキミックスで作るふわふわもっちりのドーナッツ。
揚げたてにシナモンシュガーをたっぷりとかければ、別腹を言い訳についつい手が伸びてしまうはず。

材料（約18個分）
A
│ さつまいもペースト（上記参照）… 100g
│ 絹ごし豆腐 … 150g
│ ホットケーキミックス … 150g
揚げ油 … 適量
B
│ シナモンパウダー … 小さじ1
│ グラニュー糖 … 適量

作り方

1 ボウルにAを入れ、泡立て器でよく混ぜる。20gずつのだんご状にまとめる。

2 揚げ油を160℃に熱して1を入れ、転がしながらこんがりと揚げる。

3 油をきり、Bを茶こしに入れてふるいながらかける。

あずきで

あずきは水でもどす必要がありませんが、一度ゆでこぼします。
超高圧力鍋で6分加圧すればOKです。
豆の味が立っているので甘さ控えめでも充分においしい。
おはぎなど、いろんなスイーツに活用できます。

粒あん

材料と作り方（作りやすい分量）
あずき … 250g
水 … 750mℓ
A [砂糖150g、塩小さじ1]

1 あずきは水洗いをし、鍋に入れ、ひたひたの水（分量外）を加えて強火にかける。沸騰したらざるに上げ、水気をきる。

2 超高圧力鍋に1、分量の水を入れ、ふたをして強火にかける。圧がかかったら弱火にし、6分加圧する。火を止めて自然放置する。

3 ふたを取ってAを加え、混ぜながら15分ほど弱火で煮つめる。

【保存法】
密閉容器やジッパーつきの保存袋に入れる。
日もちは冷蔵庫で4〜5日、冷凍庫で1か月。

Arrange 抹茶ゼリーと粒あんのパフェ

グラスに抹茶ゼリーを固め、手作りあんことバニラアイスをのせれば、無敵のおいしさ。
うちでは、ミルクのおいしさたっぷりのバニラアイスを冷凍庫に常備しています。
バニラアイスがあれば生クリームを泡立てる手間もいらない。
なんでもおいしくしてくれるバニラアイスは、偉大なり。

材料（4個分）
粒あん（上記参照）… ½カップ
【抹茶ゼリー】
板ゼラチン … 10g
抹茶パウダー … 大さじ2
砂糖 … 大さじ5
湯（80℃くらい）… 1カップ
水 … 2カップ

バニラアイスクリーム（市販）… 適量
抹茶パウダー … 適量

作り方

1 抹茶ゼリーを作る。板ゼラチンはボウルに入れ、ひたひたの水（分量外）に5分ほどつける。別のボウルに抹茶パウダー、砂糖を入れ、分量の湯を加えてよく混ぜて溶かし、水気を絞ったゼラチンを加えて混ぜ、溶かす。分量の水を加えてよく混ぜる。

2 グラスに1をこしながら注ぎ入れ、冷蔵庫に入れて30〜40分おき、冷やし固める。

3 2に粒あん、バニラアイスをのせる。抹茶パウダーを茶こしに入れてふるいながらかける。

Arrange あんバタートースト

どら焼きにバターをはさんで食べるほど、
甘じょっぱいあんバター好き。
合いの手は冷たい牛乳で。

作り方
食パンをトーストし、粒あんをぬってバターをのせるだけ。

私の黒豆の煮方は、とても簡単でシンプル。

黒豆と水や砂糖などを合わせ、一度煮立てて火を止め、ひと晩おきます。

あとは、そのシロップごともう一度超高圧力鍋で20分加圧するだけ。

この方法を知るまでは黒豆と聞いただけでプレッシャーを感じて、

お正月は市販のもので済ませていたほどです。

今では、お正月だけでなく季節を問わず一年中作っていて、

手を変え、品を変え、最後までとことん食べ尽くしています。

そのまま食べるのはもちろん、マスカルポーネチーズと合わせておつまみにしたり、

ゼリーやアイスクリームのアクセントに添えたり、マフィンに入れて焼いたり。

なんとも病みつきになるおいしさ、楽しさなのです。

加圧／分
20

黒豆の煮物

材料(作りやすい分量)

黒豆 … 200g

A

| 水 … 4カップ

| 砂糖 … 150g

| しょうゆ … 小さじ2

| 塩 … 小さじ⅓

作り方

1 黒豆は水洗いし、ざるに上げて水気をきる。

2 超高圧力鍋に**A**を入れ、ふたをせずに強火にかける。煮立ったら**1**を加え、火を止めてひと晩おく。

3 **2**にふたをして強火にかける。圧がかかったら弱火にし、20分加圧する。火を止めて自然放置する。そのまま煮汁につけて1日おく。

【保存法】

密閉容器やジッパーつきの保存袋に入れる。日もちは冷蔵庫で4〜5日、冷凍庫で1か月。

圧力鍋の使用上の注意点

鍋が破損したり、自分がやけどをしたりしないように、
安全に使うためのポイントを集めました。超高圧力鍋、普通の圧力鍋ともに共通です。
圧力鍋を使用するときは、添付の取扱説明書を必ずよく読んでください。

ガスコンロで使うとき

圧力鍋はコンロの中央に置き、炎が底面より大きくならないように
火力を調整します。炎がはみ出したままの状態だと取っ手が熱くな
り、やけどや取っ手の損傷などの原因にもなりかねません。

電磁調理器 (IH)で使うとき

熱出力が高いので、必ず中出力以下で調理をします。トップコート
の上で圧力鍋をすべらせると傷の原因になるので、注意しましょう。

調味料や水分はきっちり量って

圧力鍋は途中で調味料や水分を足したり、混ぜたりすることができ
ません。また、水分が少ないと焦げつきや空炊きの原因にも。調味
料や水分はレシピの分量を守ることが大切です。

きっちりと密封して加圧すること

鍋の内部を加圧するためには、ふたの内側にセットするパッキンが
ゆるんでいないか、ふたをしっかりと閉めているか、そして圧力調
整バルブが加圧マークにセットされているかを確かめてから、火に
かけます。鍋内部に圧がかかったら弱火にし、タイマーで時間をセッ
トします。
＊パッキンは、通常の使用で1〜2年が寿命です。古くなってゆる
んできたら、取り替えましょう。

ふたを開ける前に圧力を下げる

加圧し終わったら火を止め、ふたをしたまま放置して鍋内の圧力を
下げます。自然放置をするのが一般的ですが、加熱直後にふたを開
けなければならない場合は、ふたの上から徐々に水をかけて圧力鍋
を冷やし、圧力調整バルブを減圧マークに合わせます。鍋の内圧が
高くなっているので、蒸気が勢いよく噴き出す場合があります。力任
せに開けたりするのは危険です。

とろみのあるものはふたをして加圧しない

カレーやシチューなど、とろみのある料理は加圧しないこと。煮立っ
たときにはねて蒸気口をふさぎ、圧力を逃がせなくなるのでとても
危険です。具が煮えたらふたを取ってから、ルーなどを加えること。
また、加圧によって発泡することがある重曹も加圧しないでください。

調理中は離れずに

調理中は充分な換気をしながら、調理器具のそばを離れないでおく
ことが大事です。

使い終わったらすぐにきれいに洗う

使い終わったらすぐに、蒸気口やふたの裏など、細かい汚れをしっかりと洗い流すこと。汚れはほうっておくと固まって落ちづらくなるので、すぐに洗うことが大事です。中性洗剤をつけたスポンジで洗い、しっかりと水気をふいて保管すること。

しばらく使っていない圧力鍋は必ず点検を

しばらく使っていない圧力鍋を使うときは、必ず取扱説明書を見ながら、部品がそろっているかをチェックしましょう。新品でも劣化している可能性もあるので、必ず点検をしてください。

仕上がりが少しかたいとき

圧力調整バルブを正しく加圧マークに合わせていないと圧力がしっかりかからず、かたい仕上がりになる場合があります。よく確かめて、もう一度ふたをして火にかけ、1～2分加圧して自然放置をします。

仕上がりがやわらかすぎたとき

もとに戻すことはできません。同じ食材でも季節によって水分量や個体差があります。ふつう、旬の野菜は水分量が多く火が通りやすいので、短めに時間をセットしてください。また切り方や大きさによっても違いが出るので、合わせて加減してください。

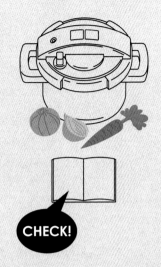

CHECK!

加圧時間早見表

	材料	分量	大きさ	水分量	加圧時間	備考
肉	豚バラ塊肉	500g	塊のまま	1ℓ	20分	水、香味野菜と加圧する
	豚スペアリブ	600g		約½カップ	20分	調味料と加圧する
	鶏手羽元	12本		260mℓ	10分	調味料と加圧する
	鶏むね肉	300g		1カップ	5分	下味をつけて棒状にし、スチームプレートにのせて加圧する
	牛すね肉	1～1.5kg		2ℓ	25分	水と加圧する
	牛すじ肉	1.5kg		ひたひた	20分	水、香味野菜と加圧する
魚	まぐろ	300g	長さ半分	——	5分	耐熱容器に調味料と入れ、スチームプレートにのせて加圧する
	塩さば	半身2枚			10分	調味料と加圧する
豆	白いんげん豆	300g		1ℓ	6分	水と加圧する
	あずき	250g		750mℓ	6分	調味料と加圧する
	黒豆	200g		4カップ	20分	調味料と加圧する
野菜	じゃがいも	850g		1カップ	6分	スチームプレートにのせて加圧する
	かぼちゃ	600g	一口大	½カップ	5分	砂糖、水を加えて加圧する
	さつまいも	400～450g	一口大	1カップ	2分	スチームプレートにのせて加圧する
米	白米	3合	——	540mℓ	2分	15分以上浸水させる
	玄米	4合	——	800mℓ	15分	1時間以上浸水させる
	おかゆ	1合	——	1.2ℓ	15分	水、ささ身などと加圧する

加圧時間は材料の品質、容量、大きさによって異なります。
お好みのやわらかさに調理時間を調整してください。卵類は圧力をかけないでください。

ariko （アリコ）

「CLASSY.」「VERY」ほか、人気ファッション誌を担当する編集ライター。大学生の息子と夫の3人家族。インスタグラム「@ariko418」で発信する見るからにおいしそうな手作りの料理やスイーツ、おしゃれな器使い、信頼感たっぷりのレストラン情報などが評判を呼び、世の食いしん坊たちから絶大な支持を得ている。フォロワー数は現在19万人超え。 著書に『arikoの副菜の鬼』（主婦の友社）、『arikoの美味しいルーティン』（講談社）など多数あり。

arikoの圧力鍋は
こわくないよ

2021年10月24日　第1刷発行
2021年10月27日　第2刷発行

著　者　ariko
発行者　濱田勝宏
発行所　学校法人文化学園 文化出版局
　　　　〒151-8524　東京都渋谷区代々木3-22-1
　　　　電話　03-3299-2565（編集）
　　　　　　　03-3299-2540（営業）
印刷所　凸版印刷株式会社
製本所　大口製本印刷株式会社

©Ariko Miyajima 2021　Printed in Japan

文化出版局のホームページ
http://books.bunka.ac.jp/

株式会社マイヤージャパン
フリーダイヤル　0120-23-8360
www.meyer.co.jp

ブックデザイン　福間優子
撮影　結城剛太
スタイリング　yuko（+y design）
イラスト　山田益弘
DTP　小林亮
料理アシスタント　コバヤシリサ
校閲　山脇節子
編集　園田聖絵
　　　浅井香織（文化出版局）

協力
meguro florist Tokyo garden
〒153-0064　東京都目黒区下目黒6-1-27
電話　03-3710-1187